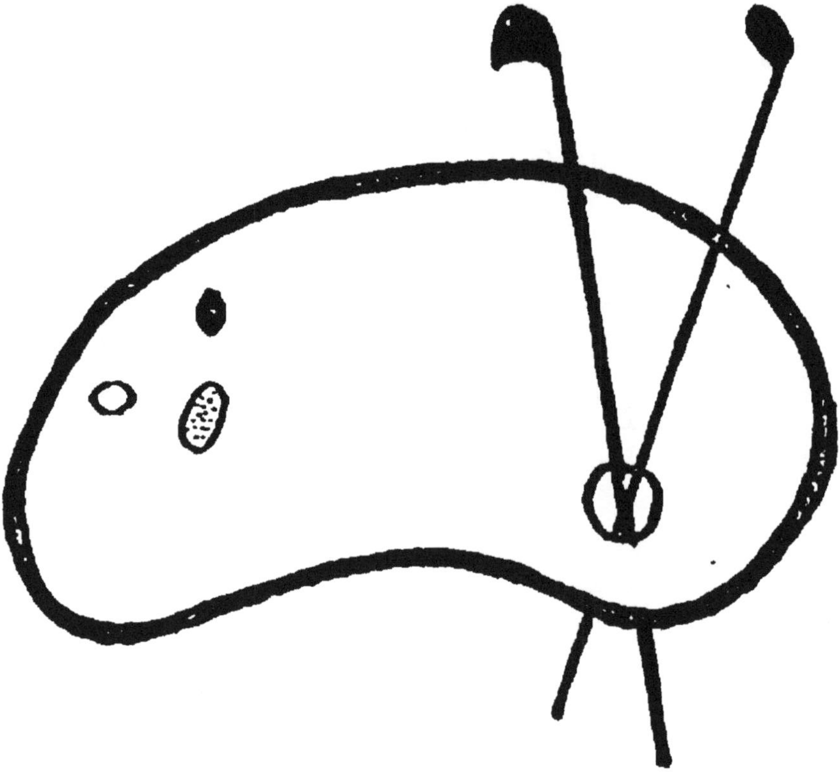

DEBUT D'UNE SERIE DE DOCUMENTS
EN COULEUR

LE
VOYAGE DE VILLARS

EN OISANS

PAR

PAUL GUILLEMIN

1889

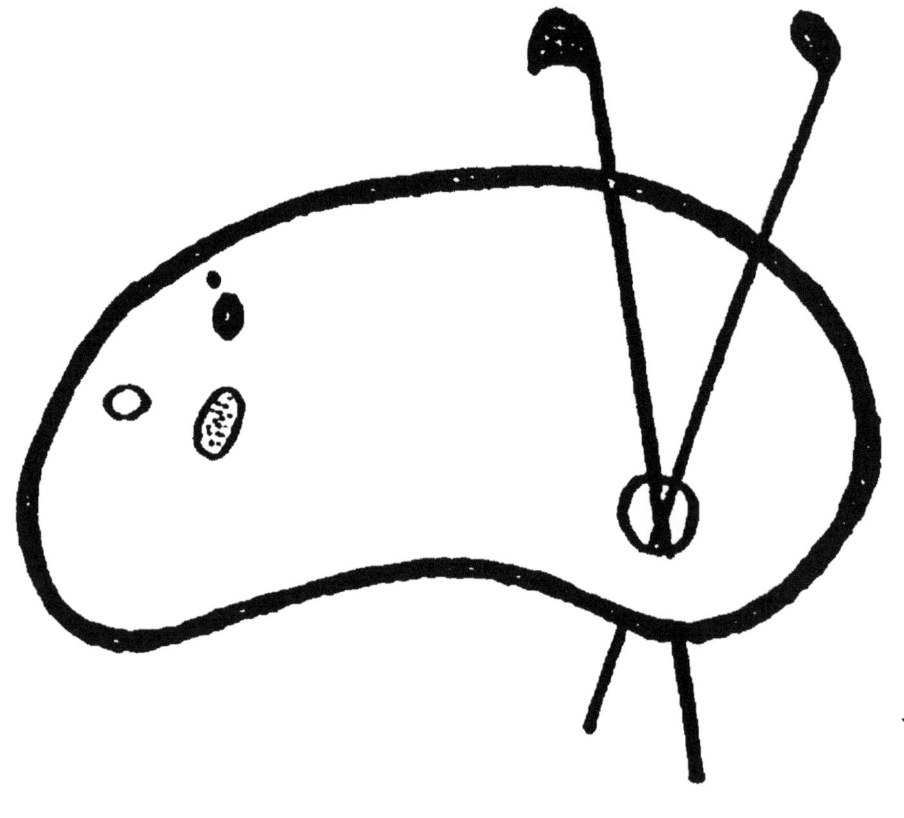

FIN D'UNE SERIE DE DOCUMENTS
EN COULEUR

VILLARS EN OISANS

1786

> Ne faut-il pas signaler aussi comme
> une source de force morale, comme un
> élément réel de félicité, cette fréquenta-
> tion intime, continue, des montagnes, des
> solitudes, de ces sommets des Alpes qui
> font le ciel plus proche, l'air plus pur,
> la lumière plus belle.
>
> Aristide ALBERT.

LE
VOYAGE DE VILLARS
EN OISANS

PAR

PAUL GUILLEMIN

1889

LE VOYAGE DE VILLARS

EN OISANS

Dans un opuscule récent dû à M. Duhamel de Gières, nous lisons cette phrase : « Dans un manuscrit autographe inédit que j'ai entre les mains, le célèbre botaniste dauphinois Villars parle dans les termes suivants de son voyage dans cette contrée en 1786 (1). »

M. Duhamel reproduit alors une page dont la lecture éveilla aussitôt mon attention. Je me souvins que j'avais trouvé dans la bibliothèque familiale des Blanchard-Pensens une édition du voyage de Villars imprimée au dix-huitième siècle, mais, à mon grand regret, il ne me fut pas donné alors de découvrir sa cachette. Or, tout récemment, j'ai retrouvé le précieux opuscule dans une caisse de livres oubliée à Briançon, et sa lecture m'a révélé

(1) *La Barre des Ecrins.* Paris, Chamerot, 1881, in-8° de 22 pages.

une singularité bibliographique assez plaisante : *le manuscrit inédit de M. Duhamel a tout simplement été imprimé, avec le nom de l'auteur, il y aura tantôt cent ans. Une fin de siècle inattendue !*

Dominique Villars est sans contredit la figure la plus doucement glorieuse entre les illustrations du département des Hautes-Alpes. De tout temps, les auteurs dauphinois se sont, à l'envi, préoccupés de l'homme et du savant, et il semblait difficile de découvrir encore quelque particularité le concernant.

A une époque où nous recueillons avec une piété filiale les moindres détails sur nos précurseurs dans les Grandes-Alpes, j'ai trouvé intéressant de relever quelques notes sur le mémorable voyage du botaniste alpin.

Tous les ans, Villars faisait des excursions scientifiques dans le Dauphiné, en compagnie de divers savants, et il les raconte d'une façon très instructive dans les préfaces du grand ouvrage qui a assis sa renommée (1). Il visita

(1) *Histoire des Plantes du Dauphiné.* Grenoble, 1786-1789, 4 volumes in-4° et atlas.

Villars ne semble pas avoir connu le docteur J. Guérin qui parcourut les Hautes-Alpes en 1799 et publia, en 1829, sous le titre : *Vues des Alpes,* un curieux volume sur les massifs du Pelvoux et du Viso.

même les replis les plus sauvages du Valgodemar et du Queyras, mais il se décila rarement
à aborder la région des glaciers : « Quoique
» j'aie parcouru les Alpes depuis près de vingt
» ans, à plusieurs reprises, je suis rarement
» parvenu sur ces pics isolés, moins pour
» m'en éviter la peine que parce que ceux qui
» m'accompagnaient se dégoûtaient toujours
» les premiers ; que, d'ailleurs, j'y trouvais à
» peine quelques lichens, peu de plantes, et
» souvent les brouillards me privaient du plus
» beau point de vue qu'on puisse désirer (1). »

Dès 1770, Villars avait effleuré « les gla-
cières des montagnes de la Bérarde », par le
Valgodemar. Vingt-six ans plus tard, à l'âge
de quarante-un ans, il s'aventura enfin au
cœur même de la vallée du Vénéon.

« Pendant le mois de septembre 1786,
» dit-il, nous fûmes avec MM. l'abbé Ducros
» et de Bournon visiter les glaciers de la Bé-
» rarde en Oisans. Ces glaciers avoisinent
» d'un côté, la chapelle en Valgaudemar ; de
» l'autre, la Vallouise et le Briançonnois. Ils
» forment le centre des Alpes Dauphinoises,

(1) *Observations de Météorologie et de Botanique sur
quelques montagnes du Dauphiné* (Journal de Phy-
sique, tome 22).

» l'origine de nos plus grandes rivières, telles
» que la *Romanche* en Oysans, la *Bonne* en
» Valbonnois, la *Ceveraisse* en Val-Gaude-
» mar, le *Drac* dans le Champsaur et les trois
» branches qui partent de l'Argentière, de
» Vallouise et du Monetier de Briançon, pour
» former la *Durance.*

» Le glacier du Chardon, qui de la Bérarde
» aboutit par le col du Saix au Valgaudemar,
» a près d'une lieue d'étendue. Il faut mar-
» cher plus de trois heures, pour parvenir à
» sa sommité, où le baromètre se tient à 19
» pouces 1/2 ligne, ou à 1700 toises environ.
» La base de ce glacier correspond à 1100
» toises, puisque le mercure s'y soutient à
» 21 pouces 11 lignes. Les pics voisins s'élè-
» vent à deux ou trois cents toises au-dessus
» de l'extrémité du glacier : ce qui donne
» deux mille toises environ d'élévation à nos
» montagnes (1). »

Son voyage terminé, Villars en écrivit aussitôt la relation et la publia en 1787. Les éditions vont aller en se succédant, mais désormais le nom de l'auteur disparaît et descend dans l'oubli.

Dès 1809, le récit de Villars est réimprimé

(1) *Histoire des Plantes,* tome 3.

pour la seconde fois (1) ; Millin s'en empare à son tour (2), et peu après nous le retrouvons dans une autre publication (3). Ces trois éditions ne portent *aucune indication d'auteur.*

En 1882, la Société des Touristes du Dauphiné remet le mémoire en lumière, d'après un manuscrit aujourd'hui *disparu* de la bibliothèque de Grenoble : « Le travail que nous » publions est l'œuvre d'un homme instruit : » *peut-être même* est-il de Dominique Villars (4), » dit une note de la rédaction.

Enfin en 1887, M. H. Gariod réimprime une copie amplifiée du mémoire, cette fois sous le

(1) *Annales du département de l'Isère, journal administratif, littéraire et politique,* n⁰ˢ des 18 janvier, 26 février et 3 mars 1809.

(2) *Magasin Encyclopédique* ou *Journal des Sciences, des Lettres et des Arts,* rédigé par A.-L. Millin, tome 3, 1810 : *Précis d'un voyage fait à la Berarde en Oisans dans les grandes montagnes du Dauphiné en 1786* (p. 82 à 102).

(3) *Mélanges historiques sur le Dauphiné et principalement sur le département de l'Isère,* par J.-J. Champollion - Figeac et Berriat Saint - Prix. Grenoble. (Commencé en 1811 et resté inachevé).

(4) *Annuaire de la Société des Touristes du Dauphiné pour 1882.* Le titre est celui de l'édition Millin.

nom de l'auteur, le manuscrit étant en entier écrit de la main de Villars (1).

Le doute pourrait encore subsister, mais nous allons l'écarter définitivement. J'ai en effet dans la main l'opuscule cité plus haut, extrait des *Mémoires d'Agriculture, d'Economie rurale et domestique, publiés par la Société royale d'Agriculture de Paris, année 1787, trimestre d'été*, Paris, chez Cuchet, in-8°; et ledit opuscule de 22 pages est intitulé : *Extrait d'un mémoire contenant le récit d'un voyage fait en Oizans et à la Bérarde en Dauphiné pendant le mois de septembre 1786, par M. Villars, médecin de l'Hôpital Militaire de Grenoble, correspondant de la Société.* — De l'imprimerie de la veuve d'Houry et Debure.

Cette fois nous tenons bien notre auteur, et nous voilà en présence du manuscrit original, rédigé dans la vie et le plein air des impressions ressenties, dans un style d'une saveur particulière, plus alpestre, sans les amplifications hors de sujet dont Villars, selon

(1) *Précis d'un Voyage à la Berarde en Oisans dans les grandes montagnes de la province du Dauphiné*, par Dominique Villars. Paris, Chamerot, 1887, in-8° du 24 pages.

son habitude, surchargera ensuite le texte primitif.

Le manuscrit publié par M. Gariod parait être le plus enflé. Comme l'opuscule de 1787, il cite les glaciers de *Jubernay* et de *Bavargeal* qui ne figurent pas dans la citation de M. Duhamel. Cependant il ne reproduit pas une page charmante dans laquelle Villars s'arrête à décrire les beautés de la nature dans les grandes montagnes.

Le fonds de tous les textes que j'ai cités est le même, mais Villars modifiait parfois sa rédaction avec une extrême facilité. Une citation suffira à nous édifier :

1° Edition de 1787. — « Les habitans de la Bérarde sont doux, affables et hospitaliers; ils sont honnêtes, confians, plutôt curieux qu'inquiets du sujet qui amène des voyageurs dans un pays isolé et presque ignoré. »

2° Manuscrit de la bibliothèque de Grenoble. — « Les habitants de ce recoin isolé et caché sont doux, affables, désintéressés, aimant leur patrie et exerçant de bonne grâce l'hospitalité. Ils ont un air confiant et paraissent plutôt surpris qu'inquiets sur le motif des voyageurs qui viennent les visiter. »

3° Edition Gariod. — « Les habitans de la Bérarde sont doux et affables ; ils ont l'air conflant et tranquile ; ils sont plus étonnés qu'inquiets sur les objets de curiosité qui leur amènent des étrangers. »

Fait presque inexplicable, le mémoire de 1787 n'a jamais, à ma connaissance, été signalé. Villars lui-même semble l'avoir oublié ; il n'en parle ni dans sa préface du tome 3 qui porte la même date, ni dans les biographies de ses amis (1).

MM. Ladoucette (2), Albin Gras (3), Adolphe Rochas (4) et Aristide Albert (5) qui ont publié

(1) *Notice historique sur Dominique Chaix, botaniste, rédigé d'après une notice composée par M. Villars* (Mélanges littéraires).

Notice historique sur Dominique Chaix, botaniste, par le docteur Villar, du Noyer, publiée par M. Paul Guillaume. Gap, Jouglard, 1881, in-8° de 31 pages.

Notice sur la vie et les talens de Pierre Liollard, excellent botaniste, mort à Grenoble le 29 germinal l'an 4me, par Dominique Villars. Publiée par A.-B.-M. (Masimbert). Grenoble, Baratier, 1887, in-8° de 10 p.

(2) *Notice biographique sur M. Villars, par M. le baron Ladoucette.* Paris, Hérissant le Doux, 1818, in-8° de 16 pages. (V. l'Histoire des Hautes-Alpes, 1820, 1834, 1848).

(3) *Notice historique sur Villars,* Bulletin de la Société de Statistique de l'Isère, tome 2, 1841.

(4) *Biographie du Dauphiné.* Paris, Charavay, 1856, 1860, 2 vol. in-8°.

(5) *Dominique Villar, étude biographique.* Grenoble, Prudhomme, 1872, in-8° de 32 pages.

d'intéressantes biographies de Villars, n'indiquent pas notre opuscule. MM. Gariel (1) et Bally (2) ne l'ont pas connu davantage, bien qu'ils décrivent jusqu'à 57 et 58 ouvrages de Villars. Quoiqu'il en soit, nous sommes désormais fixés.

Le moment est aux voyages, et il y aurait plaisir à voir réimprimer le texte primitif de Villars qui prête si bien à l'illustration. Bien d'autres opuscules de lui seraient encore dignes de revoir le jour. Souhaitons enfin que les heureux possesseurs des manuscrits inédits de Villars ne se découragent pas ; nous attendons d'eux le *Précis d'un Voyage dans les Hautes-Alpes et Mémoire sur l'Agriculture* lu, à la Société des Sciences et des Arts de Grenoble, le 20 nivôse an V.

Je ne reviendrai pas sur les discussions auxquelles l'orthographe du nom de l'auteur a donné lieu. L'acte de naissance donne bien Villar, mais j'estime avec M. Chaper qu'il est plus respectueux de perpétuer la fantaisie

(1) *Notice biographique des Ouvrages de D. Villars.* Bulletin de la Société de Statistique, tome 3, 1843.

(2) *Notice historique sur la vie et les travaux du docteur Villar.* Congrès scientifique de France, 24ᵉ session, tome 1ᵉʳ, 1858.

d'un savant trop absorbé, pour avoir jamais eu le temps d'examiner son état civil.

Villars écrit Valgaudemar, et plusieurs auteurs modernes l'ont imité. Je continuerai à regarder de nouvelles altérations comme peu sensées et à respecter l'orthographe officielle ou admise dès longtemps. J'ai déjà signalé ailleurs les confusions et les bizarreries dans lesquelles on tomberait en reprenant les sources ou les appellations patoises.

Dans l'espèce, nous devons remarquer que les habitants disent simplement Godemar, sans appuyer sur l'o, et que l'étymologie est contestée. M. J. Roman, après l'avoir lancée dans son *Dictionnaire topographique*, n'a pas tardé à chanter une autre antienne : « Il faut renoncer à expliquer, dit-il, le nom de Valgaudemar par Vallis gaude Maria, Vallée de réjouis-toi Marie, » et nous aurons maintenant le « Valdemar ou Gaudemar, probablement nom de son premier seigneur (1) ». *Risum teneatis!*

Notre topographie est déjà bien embrouillée, et nous ne sommes pas au bout

(1) *Etymologie des noms de lieux du département des Hautes-Alpes, par J. Roman.* Gap, Richaud, 1887, petit in-4° de 71 pages; pages 7 et 61.

des surprises si les saumaises alpins inter-
viennent. Encore un pas, et M. Duhamel de
Gières nous rendra la Table de Peutinger et
l'Itinéraire d'Antonin !

Arras. — Typ. de Sède et Cie

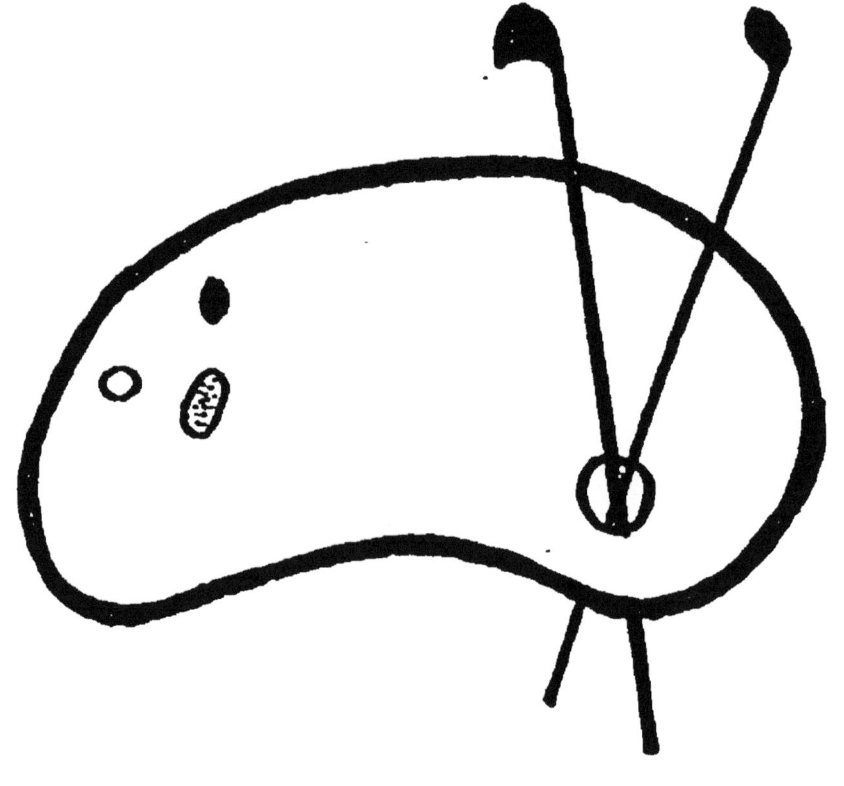